유년의 물소리

지성.감성의 메타언어
조선문학사시인선.950

유년의 물소리

이견숙 제7시집

조선문학사

책머리에_시인의 말

헤레본 만백성께
너그러워짐을 누리고 싶은데
내 뜻함과는 달리 미지로 빗장 여는
숨 가쁜 달력 수순을 넘어간다
찬바람 조락의 계절 낙엽이 달려가면
넘치는 공허 어찌 감당하라고
매일은 연약함에 기운다
주어진 하루 다 못한 소화
수평선 너머 놀 빛은 짧기만 하다
아직 외출용 입성이 되길 소망하는
천 조각
한 해 양식 청국장이기를 고대하는
묵은 나대지 물줄기
이젠 선풍기 에어컨을 끄고
자연의 편이고 싶다
때론 후덕하고
때론 가혹하고 근엄한 자연

거기 바꿀 수 없는
불치의 가을 앓이 해마다 도진다
보는 이마다
수척해졌다고 입질을 들을 때
탄생과 결별의 사이
뿌리 깊은 근본을 헤아리지 못한다
마음을 접자
어제 슈퍼문이 다녀간 자리
바람은 도시의 일몰을 몰고와 무채색의 어둠이다
어둠은 주인이 없다 금액이 없다
비로소 깨어나고 싶지 않은 화평이다

유년의 물소리 차례

책머리에_시인의 말 / 5

1부

미나리 / 13
게발선인장 / 14
뜸 / 15
철원 고석정 꽃밭 / 16
살구 / 17
앵두나무 철쭉이 되지 않는다 / 18
노각 / 19
소나무 그늘만 빌려주세요 / 20
신송(神松) / 21
무악재 / 22
수국사(守國寺) / 24
주엽역 청자다방 / 26

2부

유년의 물소리 / 29
집현전 / 30
강릉 선교장 / 32
청와대 앞뜰에 부는 바람 / 34

봉일천 다리 밑 / 35
월정사 전나무 숲길 / 36
간사이 지방 일본 여행 / 38
호오센인 보천원(宝泉院) / 41
경순왕릉 / 42
착각 / 44
동행 / 45
두루미 / 46

3부

신문 / 49
커피 / 50
서부 영화 다시 보다 센 / 51
웨딩장갑 / 52
그날 그때 / 54
한가위 신풍속 / 55
어떤 동창회 / 56
안부 / 57
상달 마을 축제 / 58
개구리 울음소리 찾아서 / 60
청소 / 62
종소리 / 63
가을날 나비의 춤 / 64

4부

나는 배우다 / 69
아이들이 왔다 / 70
일산역 역사 전시관에서 / 71
문화예술복합창작소 / 72
해나라 어린이집 / 73
검은 진주 "컬렛" / 74
보람 어린이집 / 75
해나라 우리 유치원 / 76
세상 바쁘고 건강한 친구 / 77
힌남노(Hinnamnor) / 78
이런 횡재가 / 80

5부

인사동 시가연 / 83
귀천(歸天) / 84
인사동 죽집 창가에 앉아 / 85
남과 북을 잇는 DMZ 하늘길 / 86
봉원사(奉元寺) / 87
우째 이런 일이 / 88
재능기부 / 90
복중 어느 여름날에 / 92

기다림 / 93
센강 파리 올림픽 / 94

6부

어머니 생각 / 97
아버지 / 98
크로스컨트리 스키대회 / 100
오일장과 이효석 문학관 / 102
올망졸망 꽃 / 104
고맙고 감사한 마음으로 / 106
산다는 것은 / 107
미꾸라지 용 되다 / 108
풍경소리 / 110
북녘 하늘 마주 보며 / 111

7부 시집 평설

원숙기의 시정신 시로 실천 돋보여_박진환 / 114

1부

미나리

대보름 언저리
아직은 머무른 겨울 색 짙은데
미나리 한 단 몸체는 물김치 담고
뿌리는 버릴까 생각다 작은 용기에 심었다

듬뿍 물을 주고
주방 작은 창가에
자릴 잡아주니 경쟁하듯
새순이 빡빡하게 올라온다

연약한 초록의 생명체
강인하게 뻗어가는 모습을 보노라면
신비롭고 고맙다는 생각
반복되는 일상 활력이 차오른다

오늘
내가 살아 있어 할 일 한다는 게
더 없는 축복이라
누군가에게 희망을 주는
내일이고 싶다

게발선인장

"불타는 사랑"
꽃말은 누가 지었을까
이 엄동 벌 나비도 없이
땅끝을 향해 요염하게 만개하였구나

긴긴 여름날
초록으로 치장을 하더니
성탄 무렵 날아갈 듯 눈부시게
꽃 중에 꽃 베란다가 태양같이 환하다

먼 고향 브라질을 떠나
게 발을 닮았다고 게발선인장
전자파 흡수 신선한 산소
가슴에 달고 살고 싶다

사철 그랬으면 싶다
향기는 없지만
남녘 봄소식 올 때까지
곁에 두고 싶은 따뜻한 울림이다

뜸

매캐한 쑥 타는 내음이
떠날 줄을 모른다
손바닥에선
하루걸러 열댓 장씩 뜸을 뜨니
냄새가 배기도 하고
흔적은 화상으로 남기도 하지만
치유의 효능은 심신에 남아
반복을 계속하게 한다
화끈거리기도 하고
약간의 물집이 남기도 하지만
그만큼의 몸 온기가 몰려
어긋나는 관절에
윤활유를 공급해 줌을 터득했기에
대를 위해 작은 걸 버릴 줄 아는
용기 앞세워
질곡의 불면에서
새벽 신문을 대면할 때까지

철원 고석정 꽃밭

철이 많이 난다는 철원
조선 임꺽정의 활동 무대로
아직도 전설이 귓가에 맴도는데
부서지는 햇살 가을빛으로 천지가 눈부시다

촛불 맨드라미 핑크뮬리 천일홍 댑싸리 등
천진한 웃음 실은 깡통 열차가
두루미 나래 밑에 소리 없이 달린다
회복과 치유 힐링 명소가 바람 따라 햇살로 퍼진다
철원 한탄강 중류에 홀로 솟는 바위
신라 진평왕이, 고려 충숙왕이 노닐었다는
고적한 정자

조선 명종 때 문무 겸비한 백정 출신 임꺽정이
쌓인 분노로 의적이 되어 신출귀몰 기행으로
관군이 잡으러 오면 물속 물고기로 변신
한탄강 임꺽지로 살았다는 이야기
'꺽지야 잘 있느냐'
그 전설은 이듬해 3, 4월이 되면
얼큰한 매운탕 구전으로 얼굴을 내민다

살구

아파트 앞 마당에
제법 굵은 살구가 나뒹굴고 있다
아 저 살구
지도 공원 언덕배기 찻길에도
떨어진 살구 낭자하겠구나
그 길 매일 오르내릴 땐
힘든 것만 생각했지
세월 지나서
그리움이 될 줄 생각 못했다

잠시 잠깐 봉지에 주워 담아도 5k 10k
쨈을 만들기도 주스를 담기도
참 신나는 일이었는데
지금은 잊지 못할 추억이 돼버렸다
지나버린 날은 왜 그리워지는 것인지
매일 보는 얼굴이지만
그때 보던 얼굴로 그리워진다

앵두나무 철쭉이 되지 않는다

아파트 오르는 계단 모퉁이
무성한 철쭉 가지 속에
앵두나무 한 그루 섞여 있다
온갖 풍상 뿌리까지 뒤엉켜 있어도

유전자는 변하지 않는다
새싹이 돋을 때나
잎이 무성할 때
그땐 모른다

앵두꽃이 피고
쥐눈이 콩알만 한 앵두 맺히니
철쭉꽃 천지 난리 났다
하얀 꽃 철쭉 그야말로 천국이다

며칠이 지났을까
요란한 꽃잎 시들어 간곳없고
콩알만 한 앵두가
태양과 열심히 교감하고 있다

노각

오이와 노각의 구별이
선명치 않았던
무지의 한때

마당 구석구석
손 닿는 곳 잡히는 대로
가방에 넣어주던 친정에 온 듯한 인심

노랗고 두툼한 뭉치, 황과
일러주는 대로 주물러
식탁에 올리니 신선하고 새큼한 맛

그 맛 잊지 못해
틈만 나면 오일장 골목을 누벼
솜씨 갈고닦아

기원전 6백 년경 중국 제상에 올린
수분 가득 그 미각
한순간 절친이 됐다

소나무 그늘만 빌려주세요

마당 끝 노송 한 그루
가벼운 안부와 짧은 탄성
청도 운문사* '처진 소나무'를 생각하며
소문을 퍼 나른다 탐을 내며

안개 자욱한 자유로 직선 길
겹겹이 도심을 묻혀 달리지만
발 담근 백로 한 쌍
먼 산을 바라보며 꿈을 꾸듯 서 있다

너른 호박밭 호박은 보이지 않고
무성한 잎만 짙푸른데
호박보다 잎 찾는 이가 많아
아낙들 손길 분주하다

노고와 꿈이 어린 지인의 텃밭
마음껏 가져가라지만
눈과 귀 호강이면 족하지 욕심은 금물이다
자연의 오케스트라. 개굴개굴 맹맹

* 청도 운문사 수령 500년 명품 소나무, 천연기념물 180호.

신송(神松)

태고적 용트림 같은 수행의 흔적
지그시 눈을 감고
더딘 발자국 헤쳐보고도 싶지만
잣대를 거두고
두 손 모아 예를 표한다

장구한 세월 낙뢰와 싸우며 더 깊이 뿌리내려
옹색한 자리에 서 있는 그대
표피는 갈라져 철갑(산천단 곰솔)이 되었고
현세를 초월한 신과 같은 품격
묵언을 앞세운 항변으로 자세는 더욱 낮아졌구나

적멸로 가는 저 뜨거움 몸체는 더욱 뒤틀리고
사방으로 번지는 풍채의 위력
좁은 바위 틈새로 나이테는 더욱 좁아졌지만
송진 속에 살아 숨 쉬는 숨결
번지는 철학 설파치 못해 신열을 앓는
가지 엉킨 명품 소나무여!

무악재

모악(母岳)재라 써놓고
무악재라 읽으면서 고개를 넘는다
이성계와 무학이
한양 천도 물색을 위하여
왕래 잦았던 험한 고갯길
치솟은 수백 백두 대간에 비하면
고작 112m 가파른 관문이지만
폭설이 내리면 오가도 못 하는 서울의 준령
도둑과 등짐장사들이 넘고
호랑이가 자주 출몰하는 악명 높은 곳
사람을 모아 넘었다 해서 모악재라 한다
명 청 사신을 맞아야 했고
조공을 보내고 왕세자를 볼모로 보내고
부왕 "명릉" 조성을 마치고 눈물로 돌아서는 영조
민족의 애환이 서린 한 많은 고개다
국운이 흔들릴 때마다 역사는 새로운 장이 되고
세월의 두께만큼 깎이고 낮아졌지만
지금은 북쪽으로 뻗은 통일로의 시발점인
깊은 속 살 내준 전철 3호선 무악재역
호랑이 출몰 전설은

흐르는 세월이 품고 있어
알 길 없는 나그네는 배우가 되어
탈을 쓰고 연극 공연을 한다

떡 하나 주면 안 잡아먹지!!

수국사(守國寺)*

마음 바쳐 발원하면
소원이 이루어진다는
천년 도심 속 황금 사찰

법당도 부처도 모두 황금빛으로
찬란한 빛 밤에도 휘황하다
사악함을 막아주고
목재 변형 막아주는 유익함으로
온통 금박을 입힌
우리나라 하나뿐인 금빛 사원이다

세조의 장남 의경세자의 요절로
세조가 건립
지금까지 몇 번 시련을 겪은
조선 왕조 유서 깊은 왕실 원찰이다
능소화 곱게 피는 계절이 오면
명부전 처마에 걸려있는 목탁에
한 쌍의 새가 둥지를 틀어
목탁새 절이라고도 한다

바람 끝에 서늘함 묻어오는 초가을
지나간 날 안부는 묻어두고
수국 향내 간직한 편백나무 가지 너머로
북한산이 선명하게 얼굴을 내민다

* 서울 은평구 구산동 서오릉23길 8-5

주엽역 청자다방

한땐 사회의 번화한 꽃이었던
문화의 교류장
공인된
낯선 음표 소비 공간으로
비워내고 채우기를 수차례

녹슨 훈장 같은 허허로움
막무가내 디딤돌은 유한한가
침묵도 표현 방식이다
신메뉴 고구마 굽는 냄새 라떼가
좋았던 날들을 켜켜이 웃고 있다

노을 지는 엄동의 긴 그림자
지축을 흔들며 전동차
오차 없이 제자리 머물다 떠나고
쏟아지는 인파 이만하면 떳떳한 삶이었는지
스스로에게 묻고 싶다

2부

유년의 물소리

물오른 나뭇가지 새순이 돋을 때쯤
이유도 모른 채
밖으로 내 달리는 눈빛
누구도 눌러 앉히질 못했네

숨을 쉬듯 몸담은 곳
일탈을 앞세워
생면부지 낯선 이가 빛나 보여
모든 걸 내던지고

새 세상을 얻은 양
눈빛 찬란했지만
새롭다는 건
뿌리가 깊지 못하다는 것

미망의 신기루 사라져간 지금
삭제된 어제의 기억 속에서
시간이 품었던 해답은
나직한 물장구 소리였네

집현전
― 원당 헌책방

나직한 보석함을 찾아낸 건
어스름 저녁 무렵이었다
건재함의 낮은 지붕 문 밀고 들어선다

눈길 닿는 곳 빼곡히
등뼈를 세우고 있는 만권의 서책들
주변은 온통 고층 건물 키재기하느라
함마 소리 요란한데
안도의 반가움에 가슴을 쓸어내린다

전란 뒤끝 중등 영어 교과서
헌책방골목 누빌 때
쥐구멍 숨고 싶게 마주친 교회 오빠

수줍게 나열된 고서들의 실루엣
끝을 내닫고 있었다
온통 풍요와 씨름하면서도
용케 본분을 지켜온 고서 더미
속 깊은 안도의 정이 묻어난다

한 자리 30년 넘었다는 주인장
거룩한 세종 님 초상화 화폐 용케
초기 김소월 시집 한 권
받아들고 나왔다

강릉 선교장

병풍처럼 둘러쳐진 철갑은 모두 명품 소나무다
조선 영조 때 효령대군 후손이
족제비 떼를 쫓다가 발견했다는 명당 터
호수에 다리를 놓아 건넜다는
배다리 마을 300여 년 고택은
세월이 지날수록 빛이 나는 사대부 왕실 가옥이다

활래정 현판과 함께
연못의 연잎을 더듬는 시선으로
참새들의 귀따가운 수다에도
배다리 마을 물소리
양반집 처마 끝에 머물러 있음에
안도의 숨을 내리 쉰다

열화당
도연명의 귀거래사에서 따왔다는
가까운 이들의 정다운 이야기 듣는다는
남 주인의 전통 별당이다
마당 한 켠
오랜 이야기 뼛속 깊이 널리 퍼져

속을 다 내어주고도
순을 틔우는 도반 회화나무
선교장 오랜 역사만큼 액자 속 실물로 서 있다

눈을 감으면 더 선명하게 다가오는
궐 밖 제일 큰 고택
그 굳건함이 솔숲을 지키고 있음에
오늘의 돌아봄이
숱한 꽃잎의 닫힘에도 빛의 손금은
희망의 날개를 다시 펼친다

청와대 앞뜰에 부는 바람

잠시 족적을 남기고 큰 별이 되어 떠나신 님들
흔적이 차례로 떠올라 가슴이 뭉클하다
계묘년 어느 무더운 봄날
역사의 한 획인 파장이 노출되어
우매한 백성도 발자국을 찍을 수 있다는 게
새삼 감회가 새롭다

청와대 앞뜰 여기저기
눈을 뗄 수 없도록 정갈한 반송의 자태
내 어머니 둥근 밥상 같다
어느 한 군데 모자람 없이 고루 퍼진 사랑의 눈빛
새 기운 하늘로 솟아
송홧가루는 날리고 솔 순이 한창이다

누대의 세월 나이테 속에 살아 숨 쉬는 늑골의 미로
어느 정점에선 티끌 묻은 심장의 소리로
바닷가 유채꽃 나비의 잠 속으로
피돌기는 멈추지 않으리라
나무숲 까치 소리 더없이 요란한데
푸른 기와 청와대여! 길이 빛나라

봉일천 다리 밑

천국이다
천국이 따로 있나
마음 편하고 몸 편하고
볼거리 풍성하면 천국이지 더 이상

일산 서부 쪽 낯선 길
벽제 화장터 근처를 지나
물어물어 찾아 든 교각의 두 벤치는
하늘이 내린 천혜의 안식처

돌계단 사이사이 소리치며 흘러가는
공릉천 물소리 귀를 신선하게 해주고
수십 마리 물새 떼 날갯짓 정경은
더 없는 두 눈의 호강이다

인간사 이만하면 더 바랄 게 뭐 있나
잎새 흔드는 시원한 바람
옷깃 열고 열기를 다독이며 너그러움을 키운다
어느 가을날

월정사 전나무 숲길

천 년 이상 월정사를 지켰다 해서
천년 숲이라 한다
80여 년 수령의 전나무들이
하늘에 닿을 듯 높게 자라
내 뿜는 피톤치드는 치유의 힐링이다

도로가 나기 전엔
스님과 신도들이 다니던 길이었지만
그 이전엔 화전민들이 나무를 팔아
곡식과 맞바꾸었던
고단한 삶의 길이었다

한차례 추위가 지나간 겨울 숲속엔
온기가 찾아와 언 땅이 녹아
흙 묻는 신발이 두려워 까치발로
굳은 땅을 디뎠지만
이런 날을 고마워했을 선조들을 생각한다

걸어가는 동안
600년 살고 떠난 할아버지 나무 목례를 하고

새소리 바람 소리와 함께
숨을 쉴 때마다 깨끗한 공기 마시며
꽁꽁 언 수대천 물소리 봄 동반를 기다린다

간사이 지방 일본 여행

지진이 났다는 일기예보를 들으며
교토 오사카 나고야 고베
하늘에 맡기자며 여행을 떠났다
여고 동창생 6명
이번이 마지막이 될지도 모르니
모두 즐겁게 가자고 했다

간사이 공항에 내리니
하늘은 흐릿하고 날씨는 더 후덥지근하고
점점 별 새로운 것이 없다며
호텔에 도착했다
새 호텔이라더니 비교적 깨끗하고
조용한 게 금일 밤
안정의 수면이나 기원했다

세계에서 캐나다 다음으로
살고 싶은 나라 일본이라 하니
판단은 바로 하자

여행 첫째 날

2024. 4. 22.
호오센인 일본 천태종 창시한 사이쵸가 8세기 후반
건립한 사찰이란다
가는 길마다 색다른 이끼 정원
나무 밑 정원이나
바위 벽 기둥이나
장소 시기 온도마다 조금씩 다른 상태
어떻게 이런 세계를 펼치고 있는지
눈을 의심할 지경이다
벚꽃은 지고 간간이 내리는 빗줄기에
옷깃을 적시며 액자 정원 호센인
다다미방 마루 끝에 앉아
건네는 찰떡과 일본 전통 말차를 마신다
7백 년 소나무 향기를 마시며
새소리 물소리 빗소리에
역사를 물으며
애써 힐링을 속을 잠긴다
오하라 한적한 시골 마을 곳곳에
애달픈 여인들의 석상을 지나치며
예나 지금이나

여인들의 삶은 애달픔을 여전하구나

여행 둘째 날
"나라" 가소가 타이샤 춘일대사
1250년 전 일본 수도였다가
교토로 이전했다 한다
나라공원 1200마리 꽃사슴을 구경하며
몇 천 개의 석등 이끼에 찬사를
아끼지 않는다
일본에서 제일 오래된 목조 건물
절 사찰
호류지로 발길을 옮긴다
교과서 담징의 법륭사 금당벽화
교과서 역사를 떠올리며
그러나 지금은 수리 중 화재로 소실
1993년 세계문화유산 등재란다
비가 그치니 찌는 듯
후덥지근한 여름 날씨
금세 떠나온 고국이 그립다는 생각

호오센인 보천원(宝泉院)*

교토 오호라 마을 깊은 산골
묵은 사찰에
700여 년 세월 품은 소나무 찾아
빗길을 뚫고 찾아간다

수 없이 뻗은 나무둥치와
땅바닥에 닿을 듯 쳐진
잔가지들을 마주 보며
다다미방 마루 끝에 앉아 말차를 마신다
보이는 것 모두가 액자 속 그림 같다

가늠할 수 없도록 넓은 면적
이 노송은 얼마나 많은 이야기들을 간직했기에
묵언의 깊이가 이토록 광대한가
지난날 안부와 격랑의 기억들 빗소리에 묻는다

어딜 가든 고목들을 바라보면
마음이 평온해지고 고개가 숙여지는
신령함이 잔잔히 전해 온다

* 12세기 말 헤이안(平安)시대 세워진 일본 사찰.

경순왕릉

더 이상 무고한 백성들이
치욕과 괴로움을 당하는 것을 볼 수 없어
피 한 방울 흘리지 않고 천년 사직을
고려 왕건에게 물려준 경순왕 김부
큰아들 마의태자와
막내아들 완강한 반대를 무릅쓰고
자진 항복했으니
평화적으로 왕위를 물려난
신라의 마지막 지존 경순왕이다

고려 태조 왕건은
아홉 딸 중 큰딸 낙랑공주와 그 자매
두 딸과 백년가약을 맺어
경순왕의 장인이 되었다
극진한 호의호식 환대 속에
43년 더 천수를 누리고 생을 마감하니
고향 땅 서라벌은 가지 못하고
양지바른 이곳 연천 땅에 고즈넉이 잠들어 있다

묘역에 이르는 길가

사열하듯 울창한 졸참나무 밭등으로
낙과한 도토리 무수히 나뒹굴고
지뢰밭이니 조심하라는 문구가 가시처럼 낯설다
봄 햇살은 온 사방 넉넉하게 감싸는데
씨를 뿌려놓은 듯
키 작은 제비꽃이 눈물처럼 피어 있다

* 경기도 연천군 장남면 고랑포리 산 18-2.

착각

굴지의 장마
퍼붓는 빗줄기
천지가 어두컴컴하다 어두우니
소엽이 착각을 했는지
향내가 진동을 한다
환한 대낮엔
조용히 있다가
밤에 향내가 백 리는 간다더니
오늘 대낮 향내가 유난히
감동을 준다
식물도 착각이라는 걸 할 때가 있나 보다

동행

그대, 뜻 모를 과묵이
안간힘의 어깨에 인내로 서려 있다
오랜 날의 마주섬이
내치고 달려온
눈꺼풀에 들어오는 명치끝 신기루
한때의 헛디딤으로 치부하기엔 사유가 깊다

때 되면 메우는 공복
해지면 여권 없이 떠나는 신이 간 길들
친숙한 영상매체 하나씩 끌어안고
희로애락 전선은 그래도 파란 수표라는 위안
어제도 그랬고
그제도 그랬다

침묵은 일심동체 불가분 관계
탓하는 이 존재하지 않아도
침묵은 금이다 라는 옛말
동백이 피고 제라늄 사철 피고
어항 속 열대어 유영하는 원동력이
그대가 내뿜는 엔도르핀임엔 변함이 없다

두루미

겨울의 진객
단정학이라고도 하며
수명이 길어서 십장생 중 하나로 꼽히는
신선이 타고 다닌다는 대형조류
하늘 쳐다보고 하얀 입김 뿜어내며
뚜루루뚜루루 크게 우는 모습
한 폭의 선명한 판화다
어느 누가
머리 나쁜 사람을 새대가리라 했던가
그 먼 시베리아에서
한번 찾아와 월동을 하고 나면
다음 해 반드시 찾아온다는
잿빛 날개 귀한 손님
밤새 서리가 내려 수려한 산야의 상고대
한 발 물에 담그고 머리는 등 깃에 묻고
추위 이겨내는 설경 속의 풍경
볼 때마다 마음이 시리다
학춤 날개 빛이
아침 햇살 받아 하얗게 빛이 나면
하늘 아래 우아함의 정수다

ён # 3부

신문

신문 보는 낙으로 산다
신문이 더 보고 싶은 날
새벽 일찍 일어나 기다렸다가
문을 열고 들여온다

언제 봐도 반가운 내 친구
처음엔 대충 큰 글자만 훑어보고
다시 구석구석
면면히 살피고 또 살피다 보면
궁금증이 풀리고

새로운 지식이 넓혀 간다
볼수록 고맙다는 생각
제아무리 영상매체가 판을 쳐도
나는 신문이 좋다
종이 신문이 좋다

커피

가평, 커피 농장에 견학 다녀온 뒤
커피나무 두 그루가 배달돼 왔다
초록 잎이 싱싱하고 건강해서 빛이 났지만
이 나무가 언제 자라서
그 향내 깊은 찻잔을 마주하게 될까
짐작도 할 수 없지만 3년 정도 지나면 꽃이 피고
붉은 열매가 달려 잘 익으면
기막힌 향내와 오묘한 맛을 낸단다

고향은 아프리카 에디오피아
목동들이 먹기 시작해서
지금은 만인이 즐기는 기호 식품이 됐다
우리나라에선 고종황제가 러시아 공관에 머물면서
초대 커피 마니아였다는데
커피 한잔의 의미는 무궁무진해서
좋은 이미지 심어주는 도움이 되기도 한다
악성 베토벤도 한잔 마시며 악상을 다듬었다는 커피
맘만 먹으면 우리도 매일 마실 수 있다는 행복
함께 음미하며 좋은 이미지로
여운 깊은 시 한 편 남기길 소원한다

서부 영화 다시 보다 셴

70여 년 전에 만든
미국 서부 영화를 다시 본다
넘치는 스릴과 리드미컬한 말발굽 소리
대한 엄동에 갇힌 나른한 일상을 일깨워 준다

옛날에 한 번 관람했었기에 설마 했지만
리드미컬한 육탄전과
소리 없이 스미는 인간미
감성이 되살아남을 실감한다

천진한 어린아이의 무한한 호기심
자신의 평화를 내려놓고
타인의 안녕을 위해 기꺼이
자신의 평화를 파헤치는 어느 총잡이
해가 지는 쪽으로 떠나는 말발굽 뒤로

"셴 컴백"
한 소년의 아련한 외침이
멀리 너른 평원에 퍼져간다

웨딩장갑

바그너 '혼례의 합창' 속에
손을 맞잡고 백색 카펫을 걸어갔다
세상은 온통 나를 위해 존재하는 듯
금빛 태양은 찬란했고 초겨울 바람은 싸늘했다
떨림의 반복 속에
검은 머리 파 뿌리 운운하시는 주례사 선생님 말씀
신랑 모교 대학 은사님으로만 알았지
천하 문인 황순원 선생님이신 줄 그땐 몰랐다
장갑을 낄 때마다
현모양처가 되라 하시던
주례 선생님 말씀이 떠오른다

반백 년 세월이 흐른 어느 날
아들과 손자 대동 양평 황순원 문학관
문안차 인사를 갔다
낮은 언덕배기 사모님과 나란히 잠드신 안식처
머리 희끗한 노 제자는
눈물 어린 큰절을 올리고
선생님 말씀대로 열심히는 살았습니다만
삶은 녹록지 않았습니다

결혼식이 끝나고 며칠 뒤
짚에 싸인 계란 다섯 줄 양팔에 들고
논두렁 밭두렁 사당동 어디쯤
선생님 찾아뵌 후
두 번째 문안 인사다
하얀 한복을 입으시고 대문 밖에서 어여 가라고
손 흔드시는 모습 지금도 눈에 선하다

그날 그때*

지금도 보리밥을 먹지 않는다
냄새만 풍겨도 고개를 돌린다
논두렁 밭두렁 어딘가
피난을 가면서 남의 집 담벼락에
홑이불 포장치고 물리도록 먹은 그 보리밥

어딘가 피난 행렬로 가다가
어둠이 밀려와 잠자리에 들라치면
천지개벽하듯 포탄 퍼붓는 소리에
경기를 앓는 나를
어머니는 솜으로 귀를 틀어막아 주셨다

조용한 날 먼 데서
비행기 소리 나직이 들리면
오싹 무서움이 밀려온다
지난 세월 70여 년
조금도 잊혀지지 않은 초등 1년생
동갑네 사촌과 언덕배기 쏘다니며
산딸기 따 먹던 그 기억
한 폭의 풍경화로 남아있다

한가위 신풍속

50년 넘게 모시던 제상을 넘겼다
자식도 나이가 지천명이 넘었고
손자들도 모두 장성했으니
가족회의 끝에
그리하기로 가장이 결정을 내렸다
명절날 아침 바쁘게 놀리던 두 손이 한가하니
편한 건지 허전한 건지
시간 맞춰서 자식이 태우러 온다니
익숙해질 일만 남았다

간결한 아침 차례가 끝나고
아들네는 처가로 가는 순서가 기다려
우린 몰리듯이 집으로 왔다
명절이라는 게 별로 먹은 것도 없이
식욕이 떨어져 한 끼는 건너뛰고
반가운 딸네 4식구가 와서 공백을 채우고
아들 손자가 돌아와서 저녁은
장수관에 가서 나주 곰탕을 사 먹었다
생각보다 사람들이 많았다

어떤 동창회

한 친구
시간이 다 되도록
오지 않는다
"너 어디냐"

어디는 어디야
집이지
동창회 날 만나자 전화했잖아

얼마 후
치매다
치매 걸린 할매라며

웃고 들어온다
그래
모두 웃어야지
현실이 공허해도 웃자

안부

어떤 문학단체 모임
만난 김에 자기 집에 꽃 보러 가자고
따라나선 김서연 시인의 집
서울과 경기도 경계선이라는데

나직한 가옥 몇 채
백 년은 족히 넘었을 옛날 동네
앞마당을 보니 채송화 민들레 오이 고추 호박
없는 게 없을 정도의 채마 밭 집이다

소반을 펴놓고 차를 마시는데
거실 천장 어디에 집이 있는지
구경하기도 힘든 제비 몇 마리가 머리 위를
수시로 드나든다

새봄이 오면 안부 전화를 꼭 한다
제비 소식이 더 궁금해서
그때 가자 해도 안 간 사람들
나중에 가고 싶어 안달이다

상달 마을 축제

낙엽이 달려가는 쪽 따라가 보니
공원 입구부터 본 적 없는
전통 풍물이 줄줄이 늘어서 있다

꽹과리 소리 북소리 피리 소리
농악대는 상모를 돌리며 지나가고
제기차기 딱지치기 사방치기
코로나가 물러설 기미에 축제가 한창이다

눈에 보이는 모든 것
생기가 넘치고 웃음이 번진다
개회식이 끝나고
일차로 실버뱅크 봉사대 일곱 사람
아코디언과 오카리나 연주
고향의 봄 외 3곡
연습 때보다 많은 박수를 받은 게
무대 체질인가? 모두는 안도의 숨을 내쉬고

페페*봉사가 시작된다
때는 입시생 학부모 상담기간이라

주로 미취학 어린이들만
태극 문양, 꽃송이, 돌고래, 하트모양
원하는 대로 얼굴과 손에 그려준다
같이 온 부모들이 더 기뻐하고 감사를 표한다
봉사란 하는 쪽이 더 은총을 받고
기쁨이 두 배가 된다더니
원하는 곳 어디든지 달려갈 생각이다

* 페페 : 페이스페인팅, 2022. 10. 22. 백석 알미 한마당.

개구리 울음소리 찾아서

성석동 황룡산 기슭에
보석같이 빛나는 옛 한식 건물 한 동
삐걱 대문은 굳건히 잠겨 있지만
마음을 사로잡아 가까이 다가간다
현판을 읽어보니 조선시대 47개 사원 중 하나인
용강서원이라는데
함흥차사 마지막 주인공 판승추부사 박순이
이성계 문안사로 갔다가 죽임을 당해
이북에 있는 걸
후손들이 뜻을 모아
해마다 봄가을 제향을 올린다네
그 맞은 편
불빛이라고는 반딧불 하나 없는 암흑천지
개구리 떼창 절절 하다는 소문에
망초꽃 어우러진 언덕배기 차를 세우고
대자연의 오케스트라 감상한다
옛 얼굴들이 떠올라 추억 속에 잠기니
청량감이란 세상 부러울 게 없다
오늘 낮에 고봉산에 뜬 무지개
손에 잡힐 듯 정겨웠고

좋은 일만 있을 것 같은 상서로움이다

땅에서나 물에서나 잘사는 귀여운 개구리
생각하며 찾으러 다녔더니
에너지가 용솟음쳐
일상이 원만하다
개골개골 개구리 노래를 한다
아들 손자 며느리 다 모여서

청소

햇빛 찬란한 어느 봄날
창밖에
웬 낯선 남자 대롱대롱
외줄에 매달려 그네를 타고 있다
베토벤 교향곡 6번 전원 '시냇가에서'
청소기 소리 집 안 구석구석
먼지를 흡입하고 있다
서로 눈인사도 나누지 않았지만
같은 삶을 공유하고 있는 생의 동반자
깨끗하고 정갈하게
고지를 달려간다
눈부신 오월의 햇살 등 뒤로 만끽하며
이리저리 움직이는 외줄 따라
말없이 흘리는 땀방울 함수는 동일하다
책 정리도 끝내고
천 리 밖 문우에게 안부 전화도 끝내고
할 일 하는 동안에도
봄바람은 변함없이 머리칼 스친다

종소리

언제 종각이 사라졌는지
수소문을 해 봐도 알 길이 없었다
매일 처다보고 그 밑을 지나다닐 때는
아무 소리 없더니
형체를 간 곳 모르니
종소리가 들린다

건장하게 우뚝 솟아있을 때는
눈요기만 해도
믿음이 차올라 충만함이 그득하더니
공허하기 그지없다

소중한 일부가 소멸된 양
심장 한쪽이 텅 빈 것 같아
마음 둘 곳 찾아 허공을 헤맨다

어디 먼 데 끝이 안 보이는 대평원에
보고 듣는 이 모두에게
평안과 안녕을 선사하는
사랑의 종소리이기만을 기원한다

가을날 나비의 춤

청명한 가을날
공원 언덕배기 흰 나비 떼가
팔랑팔랑 춤을 춘다
잠자리는 보이지 않고
흰 나비 떼 천국이다
가던 길 멈추고 무슨 메시지가 있나
한참을 바라본다

그래 그때 아이가 셋인
내 친구가 브라질로 이민을 갔지
한 30년쯤 지나서 우리 집에 찾아왔을 때
수많은 나비 날개 액자를 가져왔는데
헤일 수도 없이 많은 나비 날개 모자이크였지

반백 년이 지난 어느 날 브라질과의 국제 전화
그때 받은 선물 나비 액자 잘 간직하고 있다 하니
지금은 나라에서 금지된 제도가 됐다 한다
그 나라 나비 보호 차원에서
나비 액자는 그대로인데
우린 몰라볼 정도로 변했겠지

그게 자연 현상이라지만
지난 세월만큼 많이 너그러워졌음에
스스로도 대견함을 느낀다
서산으로 해는 넘어가는데
나비는 변함없이 춤을 추고 있다

4부

나는 배우다

B, 버스 타고
M, 지하철 타고
W, 걸어서 사랑 나눔센터에 도착한다

쇠똥 탈을 쓰고
어린이집 아이들에게
꿈과 희망을 선사하는 재능기부자다

3세 관객 한 무리는
말이 필요 없는
개구리 방죽이고

4, 5세 관객 수십 명 깔깔댐에
천진한 어린아이가 되어
땀방울을 잇는다

나는 쇠똥 탈을 쓴 동극 배우
아이들의 맑은 웃음 속에
되레 위로받고 돌아서는 노년 배우

아이들이 왔다

5, 6, 7세 아이들 12명이
센터로 왔다
아이들이 온다고 심혈을 기울여
동극 공연 연습을 하고
중창 연습도 했다

언제 불러 본 동요인가
"둥글게 둥글게"
"엄마 돼지 아기 돼지"
모처럼 불러보니 내 마음도 즐겁다

옛날로 돌아간 것도 같고
어둑한 마음이 환해지고
아이들이 있어야 세상이 밝아 보인다
마술하는 할아버지도 차리고 나서니
제법 마술사 같아 보인다

일산역 역사 전시관에서

고깔모자 쓴
구순의 할아버지
열심히 마술 공연을 하신다

5세 미만 관객들
숨을 죽이고
신기한 듯 박수친다

나이는
숫자에 불과
모두가 함박웃음

문화예술복합창작소

소금과 곡물 쌓아 논 농협창고를
탈바꿈시킨 일산 문화예술창작소에서
동극 공연을 했다
전래 동화를 각색시킨

"팥죽 할머니와 호랑이"

'해 담은 어린이집'과
'시립 꿈 모아 어린이집'
부모와 40여 명의 아이들이 왔다

때론 호랑이가 무서워 우는 아이도 있고
재미있다고 깔깔 넘어가는 아이도 있다
그 모습이 귀여워 우리도 같이 웃는다

공연이 끝나고 사진 찍기를 원해
아이들 사이에 앉았다
옆자리 눈 큰 사내아이가 내 손을 잡는다
"오 반갑다 아가야"
두 손을 꼭 잡고 사진을 찍었다

해나라 어린이집

화창한 봄날
나직한 2층 어린이집으로
연극 공연을 하러 갔다
이면 골목에 아담한 건물
4, 5세 가 됨직한 아이들 관객은
13명이란다
동극 팀과 핸드벨 팀
꼬맹이들 앉혀놓고 7, 80 어르신 배우들
열심히 공연을 한다
우는 아이도 있고 손뼉 치는 아이도 있고
아이들이 많이 줄었단다
가슴 아픈 현실이라 생각지 말자
희망은 있으니까

검은 진주 "컬렛"

○ㅅ 어린이집 방문해서
"호랑이 할머니" 동극을 공연했다
눈에 확 띄는
흑진주같이 보드랍고 영롱한
사내아이를 끌어안고 사진을 찍었다
선한 눈망울의 아이는 무릎에 앉아
사진 찍는데
인형처럼 고분고분했다

2세~4세 20여 명 중 한 생명
신의 걸작 중 최고는 인간의 형상이라 했던가
아프리카 원어민 선생의 다문화 남자아이
시선을 돌릴 수 없도록 연민이 가는
예쁘고 사랑스럽다

동글동글한 두상 무슨 생각이 들어있을까
아이야! 신의 걸작은 똑같이 귀하고 귀하단다
공연을 마친 후 관심을 남긴 채
손을 흔들고 떠나오는 길
때 이른 6월 더위는 한여름을 방불케 했다

보람 어린이집

5세 어린이 20여 명이
방문차 공연을 보러 센터에 왔다
아이들을 보고 같이 웃고
사랑을 나누는 일은
그 어떤 일보다 즐겁고 값진 일이다

같이 부를 수 있는 동요 3곡과 율동
막대 인형팀 "효자가 된 호랑이" 인형극
아낌없이 박수 치며
마술 공연 5가지 많이 즐거워한다

5세 정도 되니 말귀도 알아듣고
의사를 표현할 줄도 아니
그런대로 대화가 이루어진다

교사 3명이 동행했는데 그들 모두
눈동자에 사랑과 배려가 넘쳐남을 느낀다
아이들이란 보는 이에게도
돌보는 이들에게도 엔도르핀이
솟아나게 한다

해나라 우리 유치원

원아 관객 6명 앉혀놓고
방문 공연이다

7~80대 어르신들
관객이 단 한 명이라도 있는 한
공연은 해야 한다
그게 우리들을 의무니까

아이들은 씩씩했다
건강하고
활발하고
더 열심히 '말하는 거북이' 공연을 했다

우리는 한마음이다
관객이 몇 명이 되었던
임무를 마치고 기념사진도 찍었다

공연을 할 때마다
새로운 기분이다

세상 바쁘고 건강한 친구

6세 보람 어린이집 아이들 18명이
센터에 방문을 왔다
모두 웃음이 가득
문턱을 넘어서 제 자리에 앉는다

"모두 일어서 인사"

"안녕하세요" 실내가 떠나간다
"반갑다 아가들아"

선생님의 품성에 따라서
아이들 모두 인사를 시키니
더 예쁘고 보기가 좋고 활기가 넘친다

모든 플랜(핸드벨 마술 인형극 동요율동) 관람하
는데 1초도 가만히 못 있는 바쁜 아이
 더 움직이고 더 장난이 심할 때마다
 선생님은 더 어루만지고 더 쓰다듬고
 귓속말로 속삭인다

종호야 착하지! 정말 착하지!!

힌남노(Hinnamnor)

제11호 태풍(颱風)의 눈이다
2022년 8월 29일 0시
일본 도쿄 동남쪽에서 발생
라오스가 제안한 국립보호구의 이름
돌가시나무 새싹이란 뜻이다

태풍의 위력은
누구도 막을 수 없는 거대한 자연의 힘
그러나 지구의 에너지 평형을 위해
필요불가결한 존재
어서 지나가기만 바랄 뿐이다

하늘길 바닷길 모두 끊기고
세상은 온통 태풍 뉴스뿐
창문을 닫고 문틈을 꽁꽁 여미고
천지가 마비된 상태에서
촉각을 곤두세우고 잠을 청하는데

때아닌 재스민 꽃향내가 코끝을 맴돈다
일어나 베란다 구석을 살펴보니

손톱만 한 꽃 한 송이
이 무지막지한 자연 재난에도
제 역할을 하는데
사람들은 모래주머니 만들기 바쁘다

이런 횡재가

재잘대던 어린이집 아이들 18명
모두 저희 처소로
줄지어 들어가고

한없이
맑고 푸른 하늘
바람은 나뭇잎 흔들며 지나간다

다시
안 올 것 같은
고귀한 가을날
참으로 고맙고 감사 또 감사

아무도 없는
공원 평상기둥에 등 기대고
요깃거리 펼치니

꿀맛의 양식
우째 이런 축복이
흰 나비 한 쌍 자웅을 겨룬다

5부

인사동 시가연

오랜 세월
수많은 사람의 흔적이 살아있기에
묵은 이야기가 좋아
그 냄새가 좋아
인사동 가기를 즐겨한다

예술이 있고
문학이 있고
음악이 있고

그 흔적이 좋아
인사동을 심중에 담는다

모처럼 팬데믹 멀리한 주말
약속은 있거나 없거나
모두가 달려 나와
한마음 인사동 강물로 흐른다

귀천(歸天)

인사동 '귀천'에서 찻잔 가득 쌍화차를 마셨다
문을 열고 들어서는 순간
세월로 빚은 도자기들과 눈인사를 하고
창가 골라 앉으니 코끝에 스며드는 향긋한 냄새
한 모금 차 맛이 내 안에 퍼진다

끓는 찻물 자욱한 수증기 너머
낯익은 듯 친근한 천상병 시인
오래전 알고 지내던 이웃집 아저씨 같은
환한 얼굴로 웃고 있다

처음 찾아간 찻집이었지만
구수한 분위기 손님들 모두
어디서 몇 번 본 듯한 고향 사람 인상으로
방안 가득 만석이다

투명한 유리창 너머 지나는 수수한 이들
바쁠 것 없는
느린 발걸음 옛 모습 그대로
세모의 쌈지길을 지나고 있다

인사동 죽집 창가에 앉아

좁아서 더 정겨운 '시가연'에서
문학 행사는 쫓기듯 끝내고
길 건너 본죽 집에서 저녁 메뉴를 고른다

원하던 전복죽은 밀어내고
다른 메뉴를 고르며
내려다본 주말 인사동 길
인파는 넘쳐난다
이 얼마 만인가
남녀노소
마스크 쓴 사람 안 쓴 사람
출렁이는 인파를 보고 있으려니
한복 입고 지나는 젊은이들
참 반갑다는 안도의 생각
왜 우린 남의 나라 옷을 입고
우리 옷을 반가워만 하는가

도심의 석양은 등 뒤로 사라지고
검은색 흑임자죽으로 통일하니
더 은근한 풍경이다

남과 북을 잇는 DMZ 하늘길

임진각 평화 곤돌라를 타고 민통선을 방문한다
크고 번듯한 모습 흡족한 마음으로
1.7km 임진강을 건넌다
바닥이 보이는 크리스탈 캐빈(투명바닥)
반듯한 밭고랑과 물찬 논바닥 위를
바람처럼 지나간다
아름답고 평온한 정경들
만 가지 생각이 뇌리를 스친다
건너편 골짜기 만개한 아카시아와 찔레꽃
온갖 새소리 정겨움 뒤로하고
임진강 전망대 오른다
무심한 바람은 사정없이
꽃잎을 멀리 날려 보내는데
지척에서 보고도 오갈 수 없는 내 나라 내 땅
손 흔들면 답할 것 같은 아련한 모습
언젠가는 갈 수 있겠지 희망으로
빨간 우체통에 손 편지를 써서 보낸다
많은 사람들 망배단 소나무 그늘에 앉아
마른 눈물 소리 없이 추스린다

봉원사(奉元寺)*

도심 속 천년고찰
절 입구 고개 숙인 400살 노거수
예를 받으며 휘감기는 노염에
흐르는 땀방울 훔친다

그해 겨울 시부님 모시던(1945. 1. 15.)*
염불 목탁소리 아직도 쟁쟁한데
쌓인 세월 40년

장례에서 49 막재까지
모두를 설원의 입김 속에서 마치고
눈물로 산문을 떠나오면서
하늘을 보고 땅을 보고
오직 영혼의 안식만을 염원했다

돌아본 세월 범종 소리 간곳없고
함지박 연꽃은 그림처럼 선명하다

* 서울 서대문구 봉원사길 120 봉원동 26(지번).

우째 이런 일이

농협매장, 아귀다툼을 해서 황태찜 두 팩을 샀다
지한 씨가 자꾸만 한 팩 달란다
친정 모친 기일이라 고향 간다고
억지로 주고 땡볕을 헤쳐왔다

너무 덥고 고관절이 아파
도넛만 한 쪽 먹고
현대시협 원고 보내고 병원 약 한 봉 넘기고
세상모르고 잠을 잤다

한잠을 자고 눈을 뜨니 7시
어서 일어나 밥을 하고
문우 영자 씨 하고 종로 3가에서 만나
동대문시장 가기로 약속했으니

나 혼자 밥을 한술 뜨고 간다고 하니
지금 가느냐고 지금이
저녁 8시인데 무슨 시장이냐고
아 지금이 아직 오늘이구나

나는 내일 아침인 줄 알고
비가 온다더니 그래서 하늘이
컴컴한 줄 알고
우째 이런 일이

재능기부

복음병원 요양원에
오카리나 연주 봉사하러 갔습니다
세상을 달관한 편안함 들이
여기저기 담소로 꽃을 피웠습니다

신이 내린
단 한 번의 배역
모두 내려놓은 생면부지 초면들이
스스럼없이 조석을 함께 하는 광장엔

피를 나누진 않았지만
가장 가까운 인척이 되어
슬픔과 기쁨 사이 정지된 화면으로
재구성하는 탑돌이는 계속되었습니다

여름이 제 그림자를 쓰다듬는 동안
한 차례 지나는 소나기처럼
불현듯 일어서는 가시 돋친 기억들
원망과 회한이 솟구치기도 하지만

흐르는 강물은
아무도 막을 수 없는 법
내치고 떠난 잔재들의 무탈함과
고인 시간 표면에 파문이 일기만 염원합니다

복중 어느 여름날에

2022. 7. 28.
무심히 티비를 보다 보니
8200톤급 170M 정조대왕 해군함 진수식이
한창 진행 중이다
우리 손 우리 기술로
새로 만든 배를 처음 물에 띄우는 행사로
배의 안전 항해 의미가 매우 크다
중세 초 북유럽 노르웨이 바이킹족들의
빅토리아 여왕 재위 시절 정통으로 정립됐다 한다
갓 태어난 아기의 탯줄을 자르듯
진수식에서 절단은
새로운 탄생의 의미가 있다

몇 채널 건너
경주 천마총 유물 출토 광경이
여과 없이 방영된다
그때부터 지금까지
많은 세월이 흘러갔으련만
난 계속
살고 있는 것 같다

기다림

바닥의 따스함이
기다림의 즐거움이 됐다
저기 저 길 모롱이
두 눈 번뜩이기만 고대하는 마을버스

얼굴은 시원하고
온기 퍼지는 앉은 자리

누적된 시간이 기지개 펴는 동안
반가운 사람도 만나고
새 소식도 듣고
지루함은 사라진다

우리나라 좋은 나라
여운이 맴돈다

센강 파리 올림픽※

왜
애국가 퍼지고
태극기가 올라가면
코가 찡하고 눈물이 핑 도는 걸까
예나 지금이나 변함없이
언제나 한결같이
똑같을까
왜

※ 2024. 7. 26. ~ 2024. 8. 11.

6부

어머니 생각

버스가 다니는 큰 행길 가
은행나무 밑에
맨드라미 백일홍 봉선화 채송화
모두 내 어머니가 좋아하시는 한해살이 꽃들
초봄부터 가을 늦게까지
눈길을 사로잡는다

우리 집 안마당에 그 어려운 시절에
꽃을 가꾸셨을까
점점 기억이 새로워져
날로 더 어머니 생각을 하게 된다
뒤태가 더 고우셨던 내 어머니
딸 넷이 다 장모님만 못하다는
사위들의 정평이다
교회 별명이 이쁜 속장님이셨다

아버지

아침에 학교 가자고 친구 집에 갔을 때
그 애 부모가 같이 누워있는 모습이
너무 신기하고 낯설어 한참을 생각하고
우리 아버지는 직무 유기라고
일침을 가했었다

학교 입학도 전에 세상을 뜨셨으니
아버지의 기억은 거의 없고
얼굴 모습도 어렴풋이 생각뿐이라고
우리 아버지는 직무 유기라고
한 번 더 생각했다

올망졸망 여섯 남매 눈망울 남겨두고
홀로 요단강 건너가셨으니
생각하면 두고두고 고생한 기억뿐
직무 유기도 큰 직무 유기라고
치부했었지만

싸늘한 이른 봄
어린 자식들 그네 만들어 주시다가

감기에 변변한 약도 못 써보고 하직하셨다는
가슴 저린 얘기를 늦게 듣고
오래 밤잠을 설친다

세상 뜨신 심정 오죽하셨겠나

크로스컨트리 스키대회

쌓인 눈 녹아내리는 겨울 어느 날
혈육 한 점 기상을 찾아
강원도 평창에 간다
연고 없는 먼 길을 먼 줄 모르고
볼거리도 없는 겨울 산천을 바라보면서
지루함을 모르고 달려간다

크로스컨트리 스키선수
내 손자
눈에 넣어도 아프지 않은 혈육 찾아
생애 처음 눈길을 달려와
트랩 라인 눈밭에 서 있다
이윽고 소리 없는 총성
경기는 시작되고
관전의 자리 마음 조이며 별일 없기를 염원
온 세상 눈뿐인 설원 코스
올라가고 내 달리고
손자의 질주하는 모습
점점 가슴이 먹먹해 온다

드디어 전광판의 순위와 기록
마지막 저지선을 통과
꼬꾸라지듯 내려앉는 모습
그 어디에 비하랴
요동치는 심장의 박동을
경기 일등 금메달 전용민

오일장과 이효석 문학관

오일장을 갈 때마다
장돌뱅이 허 생원을 생각한다
아직도 어느 시장통을
누비고 다니는지
맘속 깊이 새겨진 성 서방네 처녀
단 한 번 인연을 떠 올리면서

메밀꽃 필 무렵
달밤에 우연히 만나
우직한 '동이' 등에 업혔을 때
전해오는 따스한 체온
왼쪽 손에 쥔 채찍
문득 아들일지 모른다는 생각

평창 '이효석 문학관' 동상 옆에 앉으니
까마득한 여고 시절 국어 선생님 얼굴이
아련히 떠오른다
날 참 사랑하셨는데

한겨울 나뭇가지 새들은 분주하고

바람을 앞세운 봄기운
얼었던 땅이 녹아 신발은 흙투성인데
물레방아는 멈춰 있다
나대지 같은 메밀밭 봄 파종 꿈틀댄다

올망졸망 꽃

푸른 꿈과 맑은 웃음이 넘치는
상아탑의 호숫가
식을 줄 모르는 불꽃의 맨살
바람이 다독이며 한 줄기 길을 낸다

백년해로 뿌리 찾을 때
사주단자 생색 한번
제 몫을 다했을 묵언의 수행은
망각의 저편이다

체납
복도 길게 춤추는 묵향의 붓질
사춘기 열꽃 같은 먼 길을
세월의 무게로 감당하기엔 흔적이 깊다

불참석
학교 청소하라는 녹슨 비수
희수 넘게 살면서
서라벌은 100번도 더 갔다
갈 때마다 일어서는 많은 생각들

복달임이 끝나고
이열치열 숲은 빠져나와
먼 산 위 구름을 보고 노래를 불렀다
'오-솔레미오'

고맙고 감사한 마음으로

아직은 별로
병원 출입을 모르고 살아서
그냥 살면 되는 줄 알았다
어느 날
나도 모르게 옆으로 넘어졌다
왜 넘어졌는지
짐작도 할 수 없는데
오른쪽 팔이 많이 아프다

그 불편함이란
누군 한 일 년 간다고도 하고
평생 간다고도 한다
첫째 밥을 먹을 수가 없고
오카리나 연주를 할 수 없다는 게
이럴 수가
오 마이갓
오만함을 반성한다

산다는 것은

피나는 인내의 연속이다
참고 살다 보면

봄날의 새잎처럼
가을날 낙엽처럼

새날이 밝아 온다

손해를 본 듯
조금은 억울해도

후회는 없다

미꾸라지 용 되다

누가?
내가!

40여 년 전쯤 브라질로 이민 간
친구가 사진을 보내왔다
단발머리 교복 입고 5명이 찍었다
다른 친구들은 얼굴을 보니 알겠는데
정작 나는 나를 못 알아봤다
왜소한 체격
앳된 얼굴
당당함이 결여된 표정

그러나
반세기 너머 지난 지금
알아보는 사람은 알아보는
남이 부러워하는 인물이 됐다(자칭)
나는 작가가 됐고
배우자는 퇴직 언론인
며느리 공무원 딸은 교수
그때 꿈꾸고 염원했던 걸 다 이루었으니

성공한 인생이 아닌가

나는 지금이 좋다
욕심을 내려놓은 지금이 너무나 좋다

풍경소리

오래됨이 즐비한
천년고찰 흥국사에 가서도
미처 못 들었는데 내 집 빨랫대에 걸린
청아한 풍경소리
오가는 갈바람이 심금을 울린다
언젠가 단체로 이웃 나라 여행 갔을 때
기념품으로 구입해 왔지만
한동안 잊었다가
자연의 힘을 빌어 소리를 들려준다
만물은 세월만큼 변하고 또 변했는데
조금도 변하지 않은 풍경소리
그때의 모든 일들이 일어선다
꿈도 많고 할 일도 많았었는데
젊음은 흔적 다 사라지고
때마침 반세기 전 미국 이민 간
친구 걸려 온 전화에
정신이 아련해진다

북녘 하늘 마주 보며

"그리운 금강산"* 노래비 앞에서 소리쳐 불렀다
북녘땅 주민들 모두 들으라고
더 힘차게 불렀다
노래가 퍼져가는 염원의 길가
풍년을 약속하는 햇살은 따가웠고
푸른 하늘 흰 구름은 뭉게뭉게 피어났다
연산군 유배지가 있고
아들딸 둘만 낳아 잘 기르자는
팻말도 서 있다
끝나지 않은 전쟁이라 말하지만
나라의 꽃 무궁화는 해마다 곱게 피고
예성강 임진강 한강은 서로 만나 바다로 흐르듯
언젠가 만난다는 신념엔 변함이 없다
강화에서 북한까지의 거리 1.8k
자유롭게 오가는 물고기와 새들 부러워 말고
망원경 말고 신분증 지참 없이
두 발로 가서 화문석 꽃자리 펴고
조상님께 큰절 올릴
그날을 고대한다

7부
시집 평설

■ 시집 평설

원숙기의 시정신 시로 실천 돋보여

박진환
(시인·문학평론가)

1. 전제

 6부에 나누어 80여 편의 시를 수록하고 있는 시집 『유년의 물소리』는 시집 『지문을 찾습니다』에 이어 내놓은 이견숙 시인의 일곱 번째 시집이 된다.
 80여 편의 시를 여섯 파트로 나누고 있으나 이를 시역화(詩域化)하면 1부에서 3부까지를 한 시역으로, 4부에서 6부까지를 다른 한 시역으로 이분화해 볼 수 있을 것으로 읽혀졌다.
 그 소이는 두 시역이 시적 본질이나 지양, 그리고 특성들을 각기 달리하고 있기 때문인데, 앞의 시역이 본격적인 시역으로 보아줄 수 있다면 뒤의 시역은 측면적인 시역으로 읽혔기 때문이다. 한 시집에 수록된 시를 동질선상의 일원론이 아닌 이원론적인 잣대를 들이댄다는 것은 바람직스러운 것은 아니다. 그러나 이분법으로 평가치를 달리함으로써 시적 위상을 높일 수 있다면 바람직한 잣대가 될 수도 있다. 이런 소이 말고도 시가 보여준 두 평가치는 일원론을 적용하기엔 서로 시적 본질을 달리하고 있어 양가치의 조명이 더 적절한 방법이 되어줄 수 있다고 여겨진다.

　모두에서 양가성 평가치를 제시한 것은 그럴 만한 소이가 있기 때문이다. 한 평가역으로 편입시키기엔 서로 다른 이질성을 지니고 있기 때문인데 그 하나는 시적 대상과 대상에의 시적 접근방법을 달리하고 있기 때문이고, 다른 하나는 서로 다른 시역이 각기 다른 평가치를 요구하고 있다는 점 때문이다.

　시는 시인의 시관이나 시법에 따라, 시적 대상을 보는 견자적 시각에 따라, 보고 느끼고 생각한 것에 따라, 어떻게 형상화했느냐에 따라, 각기 달리 진술되기 마련이다. 그런가 하면 컨시트의 동원에 따라, 시를 조립하는 지적조작의 재구성에 따라, 변용이나 변형의 낯설게 쓰기에 따라 얼마든지 시적 발현이 달라질 수 있다.

　이견숙 시인의 경우도 결코 예외일 수는 없다. 그것은 시가

주어진, 혹은 선택된 대상이나 소재에 따라 창조에 값하기 위해서는 새로움으로 태어나게 해야 하기 때문이고, 그 때문에 기존이나 기성의 것을 거부하거나 초월할 수밖에 없는 것이 언어미학이기 때문이다.

이러한 전제는 이건숙 시인의 일곱 번째 시집 『유년의 물소리』에 접근하기 위해, 곁들여 시에 대한 올바른 평가치의 도출을 위한 통로 열기란 점을 밝혀둔다.

2. 두 평가역의 설정

전제에서 밝혔듯이 시집 『유년의 물소리』는 시적 특성상 두 시역으로 이분법을 적용하는 것이 접근방법과 함께 조명의 통로 열기가 되어줄 것으로 본다. 그 이유는 6부로 나누어 수록하고 있는 시편들이 1부에서 3부까지가 본격적이고도 야심찬 시적 도전에서 시를 출발시켰다면, 4부에서 6부까지의 시편들은 소박한 일상과 삶의 편린들에서 발상된 생활시편이라는 인접성 내지는 제2지대적 성격을 띠고 있기 때문이다.

시를 제시, 두 시역의 시편들이 제시하고 있는 평가치에 접근했을 때 시집 『유년의 물소리』는 그 본태를 드러낼 것으로 보고 수록시를 이분화, 전반부 시편과 후반부 시편으로 나누어 접근해 보기로 한다.

2-1 전반부 시편

  시집 『유년의 물소리』 전반부는 시인이 파트로 나누어 수록한 1부에서 3부까지가 된다. 수록시는 1부에서 시 「미나리」 외 12편, 2부에서 「유년의 물소리」 외 12편, 3부에서 시「신문」 외 12편, 도합 36편의 시가 1부 시역을 장식하고 있는 시편이다. 이 시편들을 조명했을 때 이견숙 시인의 시적 양태랄까, 본질이랄까, 특성들은 드러날 것으로 보고 시부터 제시해 본다.

    태고적 용트림 같은 수행의 흔적
    지그시 눈을 감고
    더딘 발자국 헤쳐보고도 싶지만
    잣대를 거두고
    두 손 모아 예를 표한다

    장구한 세월 낙뢰와 싸우며 더 깊이 뿌리내려
    옹색한 자리에 서 있는 그대
    표피는 갈라져 철갑(산천단 곰솔)이 되었고

현세를 초월한 신과 같은 품격
묵언을 앞세운 항변으로 자세는 더욱 낮아졌구나

적멸로 가는 저 뜨거움 몸체는 더욱 뒤틀리고
사방으로 번지는 풍채의 위력
좁은 바위 틈새로 나이테는 더욱 좁아졌지만
송진 속에 살아 숨 쉬는 숨결
번지는 철학 설파치 못해 신열을 앓는
가지 엉킨 명품 소나무여!

 예시는 1부에 수록된 시 「신송(神松)」의 전문이다. '태고적'이니, '수행의 흔적'이라느니, '장구한 세월', '초월', '묵언', '적멸' 등의 시어들이 환기시키는 노송이 환기하는 추상성 고정관념이 없지 않으나 상상력의 동원이 돋보인다. 시행 '더딘 발자국 헤쳐보고'나, '현세를 초월한 신과 같은 품격', '송진 속에 살아 숨 쉬는 숨결' 같은 시행들이 제시해 주는 묵시적 이미지는 화자의 감각적 해석에 상상력을 오버랩시킨 고성능의 상상력을 읽게 해준다.
 시인을 견자(見者)라 했던 랭보의 진술을 상기해 볼만하다고 본다. 견자는 문자 그대로 '보는 자'가 아니라, '볼 수 없는 것을 보는 자'이고 '보지 않아서는 안 될 것을 볼 줄 아야 되고', 궁극적으로는 사물 뒤에 가려져 드러나지 않는 속에 감추어진 비의(秘意)까지를 발견, 보여주는 시각을 의미한다.

 한 그루의 신송을 대상으로 '태고적 용트림 같은 수행의 흔적'을 들여다볼 수 있는 투시력이나, '현세를 초월한 신과 같은 품격'으로 절대화로 승화시킨다거나, '송진 속에 살아 숨쉬는 숨결'을 느끼고, 느껴 귀동냥할 수 있는 청각 기능이면 견자 시각과 함께 고성능의 청각을 지녔음을 의미하게 된다. 그리고 그러한 감각 기능으로 사물을 투시·투과하지 않고서는 속에 감추어진 비의에 도달할 수 없게 되고, 도달하지 못하면 발견할 수도, 발견해 현현할 수도 없게 된다. 이 점에서 시인의 감각의 고성능은 견자에 값함을 증명해 주고 있다고 하겠다.

 다음으로는 2부에 수록된 시를 제시해 본다.

> 더 이상 무고한 백성들이
> 치욕과 괴로움을 당하는 것을 볼 수 없어
> 피 한 방울 흘리지 않고 천년 사직을
> 고려 왕건에게 물려준 경순왕 김휘
> 큰아들 마의태자와
> 막내아들 완강한 반대를 무릅쓰고

자진 항복했으니

평화적으로 왕위를 물려난

신라의 마지막 지존 경순왕이다

고려 태조 왕건은

아홉 딸 중 큰딸 낙랑공주와 그 자매

두 딸과 백년가약을 맺어

경순왕의 장인이 되었다

극진한 호의호식 환대 속에

43년 더 천수를 누리고 생을 마감하니

고향 땅 서라벌은 가지 못하고

양지바른 이곳 연천 땅에 고즈넉이 잠들어 있다

묘역에 이르는 길가

사열하듯 울창한 졸참나무 발등으로

낙과한 도토리 무수히 나뒹굴고

지뢰밭이니 조심하라는 문구가 가시처럼 낯설다

봄 햇살은 온 사방 넉넉하게 감싸는데

씨를 뿌려놓은 듯

키 작은 제비꽃이 눈물처럼 피어 있다

시 「경순왕릉」의 전문이다. 현장답사를 통해 선택된 시상들을 재단, 재구성해내는 솜씨에 원숙미가 묻어난다. 현장답사를 통해 착상한 시편들은 대부분의 경우 외양이나 외경 등 현장성이 강하게 드러나기 마련이다. 또 그 현장이 역사적 배경을 지니고 있었을 때는 역사적 사실을 소재로 하여 재구성한 사시(史詩)의 성격을 노출하기 마련인 게 대개의 경우이다.

예시도 현장을 스냅으로 재단해다 짜맞추고 역사적 사실을 발상으로 한 사시적 성격도 강하게 노출하고 있다. 그러면서도 외양이나 외경 만이 아닌, 역사적 사실에의 의존도만이 아닌 시적 복선을 깔고 있다. 상상력의 개입이다.

상상력의 시적 역할은 주지하다시피 체험을 재현, 복제하고, 복제된 것들을 어떤 것은 결합하고, 또 어떤 것은 해체하여 재구성하는 역할을 한다. 베이컨 식의 해석으론 자연이 결합시킨 것을 해체하기도 하고, 해체한 것을 재결합하기도 하는 고리의 역할을 한다. 그 결과 비유가 성립되고 시를 이미지로 조립하는데 기여하게 된다.

예시에서의 1연 시행 '더 이상 무고한 백성들이/치욕과 괴로움을 당하는 것을 볼 수 없어/피 한 방울 흘리지 않고 천년 사직을/고려 왕가에 물려준 경순왕 김휘'가 환기시키는 상상력이 개입하고, 동시에 '큰아들 마의태자'를 소환함으로

써 사시적 역할에의 충실을 보여준다. 시의 1, 2연은 역사적 사실을 배경으로 할애하고 있으나 종연에 가면 '묘역에 이르는 길'가 현장으로 제시되고 '사열하듯 울창한 졸참나무'와 '낙과한 도토리', '지뢰밭이니 조심하라'는 시점의 이동으로 과거세를 현세로 이동하는 재빠른 위트의 순발력을 개입시키고 있다. 그러면서 '키 작은 제비꽃이 눈물처럼 피어 있다'는 재단된 현장과 과거세, 역사적 사실과 현장으로서의 묘역 등이 감각 상호간의 호소력으로 작용하면서 지적 광체의 스파크를 체험하게 한다.

  지적 광체는 위트의 순발력이 체험하게 하는 재빠른 이동과 전환이 방출하는 스파크로서 치환과 병치의 두 효용을 적절히 구사했을 때 일으키는 순발력이다. 휠라이트에 의해 명명된 지적 광체는 뉴크리티시즘에서도 중시하는 시적 효용을 대표하는 레토릭의 구사다. 이건숙 시인이 역사적 사실로서의 과거세를 현세의 현장에 오버랩 해내는 위트의 순발력도 같은 시적 효용에 값한다고 여겨져 시론적 근거를 제시했다.

  3부의 시편들도 시법의 맥락성은 2부에 잇대이면서도 시의 대상이나 대상 설정은 현실이나 현실의 인접성에서 발상함으로써 동질성을 지니고 있다고 여겨진다. 시를 제시해 본다.

    가평, 커피 농장에 견학 다녀온 뒤

커피나무 두 그루가 배달돼 왔다
초록 잎이 싱싱하고 건강해서 빛이 났지만
이 나무가 언제 자라서
그 향내 깊은 찻잔을 마주하게 될까
짐작도 할 수 없지만 3년 정도 지나면 꽃이 피고
붉은 열매가 달려 잘 익으면
기막힌 향내와 오묘한 맛을 낸단다

고향은 아프리카 에디오피아
목동들이 먹기 시작해서
지금은 만인이 즐기는 기호 식품이 됐다
우리나라에선 고종황제가 러시아 공관에 머물면서
초대 커피 마니아였다는데
커피 한잔의 의미는 무궁무진해서
좋은 이미지 심어주는 도움이 되기도 한다
악성 베토벤도 한잔 마시며 악상을 다듬었다는 커피
맘만 먹으면 우리도 매일 마실 수 있다는 행복
함께 음미하며 좋은 이미지로
여운 깊은 시 한 편 남기길 소원한다

시 「커피」의 전문이다. 가평 커피농장에서 배달되어 온

커피나무 두 그루를 식목해 놓고 커피 열매를 수확, 시와 음악을 곁들여 그 맛을 음미해 보고 싶은 체험에, 기대를 곁들여 현실과 상상의 오버랩을 통해 재구성해낸 작품이다.

릴케가 시는 체험이라 했을 때의 체험은 정서나 관념을 감각화를 통한 이미지로 일대 전환을 제기했다는 점에서 근대시를 현대시로 이동시키는 에폭 메이커의 역할을 했다. 체험은 이미지를 배태해서 분만하고, 상상력은 이를 재생시켜 비유를 성립시키고, 비유는 이미지와 이미지의 결합을 통해 메타포에 값하는 현대시법의 기점을 설정해 주었기 때문이다.

이건숙 시인이 체험의 실현을 통해 이미지를 추구하고, 그 이미지를 대입, 한 편의 시를 남기고 싶어 한 체험과 상상력과 이미지의 궤적이 현대시에 이르는 지평에 연계되고 있다는 점에서 예시는 이건숙 시인의 시에 대한 예고편이라고 할 수 있을 것으로 본다.

2-2 후반부 시편들

4부 시편들은 시 「나를 깨우다」 가 말해주고 있듯이 재능기부를 통해 어린이들에게 꿈과 희망을 선사하는 '노년 배우'를 자청하고 있다. 원숙기에 접어든 노경의 시인이 시로써 실현하고 싶어 한 시외적 소망사고를 동심을 벗하면서 실천

해 주고 있는 아름다운 모습들이 어린이 세계를 빌어 연출됨으로써 '노년 배우'의 연기 아닌 원숙기의 시적 내면까지를 읽개해 주고 있어 감명에 값하고 있다. 한 편의 시는 이를 웅변으로 말해줄 것으로 보고 제시해 본다.

    원아 관객 6명 앉혀놓고
    방문 공연이다

    7~80대 어르신들
    관객이 단 한 명이라도 있는 한
    공연은 해야 한다
    그게 우리들의 의무니까

    아이들은 씩씩했다
    건강하고
    활발하고
    더 열심히 '말하는 거북이' 공연을 했다

    우리는 한마음이다
    관객이 몇 명이 되었던
    임무를 마치고 기념사진도 찍었다

공연을 할 때마다
　　　새로운 기분이다

　예시는 4부에 수록된 「해나라 우리 유치원」의 전문이다. 어린이집을 찾아 동요·동화·동극 등의 공연으로 봉사활동 겸 재능기부를 한다. 여과 없이 공연 현장을 생생하게 시로 재구성해 보여주고 있다. 시행이 말해주듯 '우리는 한 마음'이 되어 4, 5세의 어린이들과 70~80대의 어르신네들이 한 마음으로 동화된다.

　공자가 가르쳤던 사무사(思無邪)의 정신 차원이 이런 정신적 높이 아니었을까. 어린이들과 어른들이 하나가 되는 경지, 그 순수무구의 정신세계가 시 정신이고 순수의 동심이 때 묻지 않은 순수의 그중 높은 차원의 정신이 아닐까.

　이런 정신 차원에서도 시를 잘 썼는지, 잘못 썼느니, 시로써 평가한다는 것은 사무사가 아닌 사유사(思有邪)가 될 수밖에 없다. 이견숙 시인이 시 아닌 생 체험으로 기부한 정신적이고도 실제적인 행동차원의 봉사가 사무사와 다르지 않은 순수의 시적 경지, 시 정신의 경지라고 믿어진다.

　굳이 예시를 해석하고 풀이하는 것은 부질없는 일이다. 평가의 차원을 넘어서 존재하는 순수에 값하고 있기 때문이다.

　5부의 시편들은 어린이의 동심의 세계에서 인사동이라는

시인들의 정신적 요람인 현장으로 이동된다. '인사동 서가연'이나 다방 '귀천', '인사동 주점'은 현존하는 인사동의 명소들이다. 시인들이 즐겨 인사동을 찾는 소이가 시적 분위기는 물론 시적 현장, 시적 배경, 시적 요람으로 작용하는 시인과 인사동의 정신적 동질성 때문이다. 한 편의 시를 제시해 본다:

    오랜 세월
    수많은 사람의 흔적이 살아있기에
    묵은 이야기가 좋아
    그 냄새가 좋아
    인사동 가기를 즐겨한다

    예술이 있고
    문학이 있고
    음악이 있고

    그 흔적이 좋아
    인사동을 심중에 담는다

    모처럼 팬데믹 멀리한 주말
    약속은 있거나 없거나

모두가 달려 나와

한마음 인사동 강물로 흐른다

예시는 「인사동 시가연」 전문이다. 시인의 진술에 의하면 인사동은 '예술이 있고', '문학이 있고', '음악이 있는' 명소다. 뿐인가, '오랜 세월', '묵은 이야기', '그 냄새', '그 흔적'들이 시인으로 하여금 인사동을 찾게 하는 유인의 단서다. 그래서 시인은 '인사동 가기를 즐겨한다', 즐겨할 뿐만이 아니라 '약속이 있거나 없거나/모두가 달려 나와/ 한 마음 인사동 강물로 흐르는' 동류항으로 하나되는 시의 바다가 된다. 시인은 이 바다에서 해조음을 듣고, 소라의 피리소리를 듣고, 파도소리, 뱃고동소리, 해수와 같은 시의 갈증을 푼다. 인사동이 시인의 발길이 가 닿는 소이가 이러하다.

달리 시에 토를 달아서 무얼 하겠는가. 인사동이 시의 모태이고, 현장이고 분위기이고 시 자체인 것을.

남은 6부는 이건숙 시인의 시에 대한 부연이 될 듯싶어 생략한다는 점을 밝혀두면서 맺고자 한다.

3. 결어

이건숙 시인의 제7시집인 『유년의 물소리』를 주마간산

격으로 일별해본 셈이다. 결론을 굳이 제시할 필요를 느끼지 않는다. 그것은 이미 예시된 시편들을 통해 이건숙 시인의 시에 대한 평가치를 제시했다고 여겨지기 때문이다. 시집 출간을 축하드리면서 건필을 빈다.

유년의 물소리

2024년 11월 10일 인쇄
2024년 11월 20일 발행

지은이 / 이건숙
발행인 / 박진환
펴낸곳 / 조선문학사
등록번호 / 1-2733
주소 / 03730 서울 서대문구 통일로 389(홍제동)
대표전화 / 02-730-2255
팩스 / 02-723-9373
E-mail / chosunmh2@daum.net

ISBN 979-11-6354-323-7

정가 10,000원

* 인지는 저자와 합의 하에 생략
* 잘못된 책은 서점에서 교환해 드립니다.
* 이 시집은 예술인창작기금 수혜로 발간되었습니다.